Rosina Ruusu

SAUNAKISSA

ja muita loruja perheen pienimmille

Teksti & kuvitus © 2023 Rosina Ruusu

Kansi & taitto: Rosina Ruusu

Kustantaja: BoD – Books on Demand, Helsinki, Suomi
Valmistaja: BoD – Books on Demand, Norderstedt, Saksa

ISBN: 978-952-80-0819-4

SISÄLLYSLUETTELO

Pitopalvelu

Vohvelipeiton alla
Paistan lettuja kettuselle
Lättyjä läiskikkäälle koiralleni
Pannukakun uuniin nakkaan
Tulille laitan myös munakkaan

Siira sekoittaa siirapit
Harakka keittää hutut
Kaikilla on omat jutut
(Kykynsä mukaan tietysti)

Pitopalvelu Pulla ja kaneli
Kuljetusapunaan aito kameli
Alpakka auttaa pakkaamaan
Laama herkut kyytiin nakkaamaan

Prinsessa ja keksivaras

Tuolta se tuli
Ja tuonne se meni
Selässään nääääin iso säkki

Huitoo ja osoittaa Prinsessa Västäräkki

Kaikki keksit katosivat humpsis vaan
Se jos mikä pilaa tunnelmaa
Suklaahippu-vadelma-mango-mansikkakeksit
Sateenkaari-kookos-mustikkapikkuleivät
Ihan kaiken ne veivät!

Vaan eihän kuningatar usko moista
Kun Prinsessan suupielestä bongaa murusen mangoa
Johan tanssitaan salapoliisitangoa
Ja hihansuusta hitusen kookosta
Eihän narrata, jookosta?

Lainauspalvelu

Kierrätys kunniaan
Lainauspalvelu Luumusella
Meillä on tilaa fiilistellä

Isossa talossa toimitaan
Lainattavaa tarjolle poimitaan

Meiltä saa:
Käärmeille sukkia
Lukeille kukkia
Vaaksiaisille villanuttuja
Vain kaikkia tarpeellisia juttuja!

Lainaa kaksi hainevän suojaa
Kaupan päälle neliapila onnea tuomaan

Hanki vompatin kantoreppu
Sen mukana tulee koalaheppu

Vyötiäisen vyöttämiskojeeseen kuuluu
Oseanian kartta ja dinosauruksen pohjeluu

Imuri nimeltään Boa

Kisumisu imuria kammoaa
Boakäärmeeksi sitä luulee
Kun imuri surisee ja murisee
Boa voi imaista kitaansa suureen!

Vaan kun imuri vetäytyy levolle
Siivouskomeron perukalle
Jo Kisumisu säntää piilostaan
Kääntää pään kenolle
Ja selän kaarelle

Sylkee ja sähisee
Jättikäärmeelle rähisee
Urheus meidän Kisumisun
Ansaitsee ruusun eikä risun

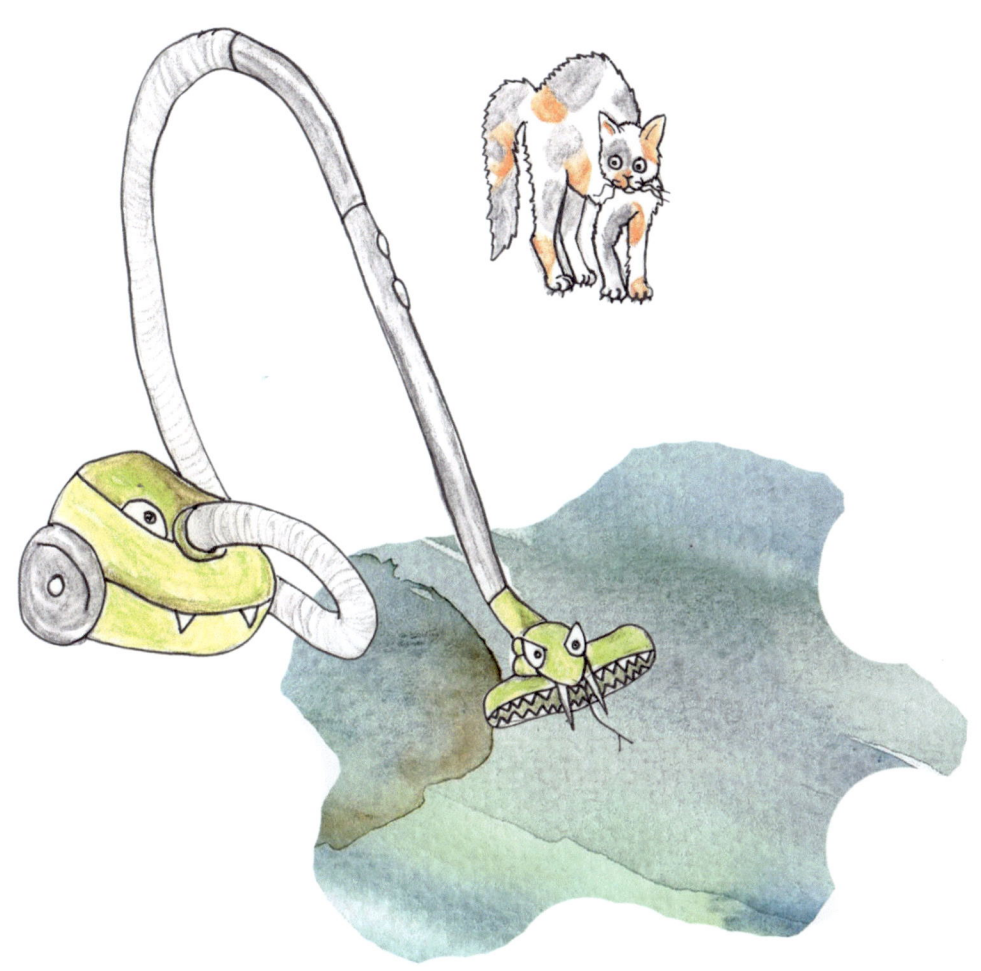

Kivari

Kivari on kiva kaveri
Sen kaulaan mahtuu monta helminauhaa
Kivari asuu savannilla
Sen silmissä kimmeltää sametti
Suu puunlehtiä jauhaa

Ambuliini

Ambuliini-ambulanssi menee uu-aa
Pitkin pikatietä
Roska-auto rymistelee raa-raa
Kohti pihatietä
Kaivuri jyristää jyr-jyr
Päiväkodin vieressä

Paljon on kummaa ihmettä
Meteliä melskettä
Suuria hetkiä
Pienen päivässä

Mansikat

Punaisia marjoja suuhun saatan
Sormilla nappaan mansikan oivan
Vähän linnuillekin kaadan
Kunhan ne jättävät palkaksi
Höyhenen ja laulun soivan

Tuulee

Tuulee, tuulee ulkona
Ei se meitä pelota
Tuulee, tuulee ulkona
Sisällä ollaan suojassa

Sataa, sataa ulkona
Ei se meitä pelota
Sataa, sataa ulkona
Sisällä ollaan kuivassa

Myrsky, myrsky ulkona
Ei se meitä pelota
Myrsky, myrsky ulkona
Sisällä ollaan turvassa

Saunakissa
(voi laulaa Jaakko kulta -sävelellä)

Saunakissa, saunakissa
Sauno jo, sauno jo
Löylyjäsi heitä, löylyjäsi heitä
Miu mau mou, miu mau mou

Pikkukissa, pikkukissa
Leiki jo, leiki jo
Sukkiasi heitä, sukkiasi heitä
Miu mau mou, miu mau mou

Sohvakissa, sohvakissa
Torku jo, torku jo
Vilttiesi alla, vilttiesi alla
Miu mau mou, Miu mau mou

Unikissa, unikissa
Väsy jo, väsy jo
Nukkumaan nyt käydään, nukkumaan nyt käydään
Miu mau mou, miu mau mou

Muurahaisten häälento

Tänään se tapahtuu
On juhlavin hetki vuodesta
Kun maankuoresta
Nousee sulhasia sadoittain
Siivilleen niin hennoille ja valkeille

Kaunis tanssi voi alkaa
Sulhot pokkaa
Prinsessat rokkaa
Kaikki etsivät
Seikkailua uutta
Onnea ja autuutta

Muru

Suuri on venyttelyn ilo
maukaisi Muru
vaan ihana on myös auringonkilo
siinä kelliessä ei tule suru

Onarssi hetki

Ihana onarssi auringonlasku
Huikkasi hippo
Hänellä nimittäin oli lukuvika
Oliko se sukuvika?

Oranssi kääntyi onarssiksi
Vihree virheeksi
Vaalee haaleeksi
Ja harmaa suureksi harmiksi

Mutta ei se haittaa
Kunhan osaa olonsa rennoksi laittaa
Ystäviä hauskuuttaa
Ja yhdessä leikit maittaa

Minusta tulee

Minusta tulee tuomari, helkkää pieni ääni
Se on niin hassu sana
Minusta tulee keijuhaltija
Se lentää ja taikoo

Minusta tulee palopelastaja
Se on hyvä avunantaja
Minusta tulee kaiken korjaaja
Se paikata asiat aikoo

Tonttukestit

Haluan nähdä oikean tontun
En pehmotonttua, jota äiti esittää
Vaan tontun, joka metsässä rymyää

Tulisipa meille tonttuja sata
Mukanaan iso valurautapata
Siinä keitettäisiin kaikille puuro
Oli kesä tai talvi, pouta taikka sadekuuro

Adventtitonttu keksejä toisi
Saunatonttu mehua joisi
Joulutonttu koristelisi tuvan
Nuuttipukki ottaisi siitä kuvan

Illan tullen unimaahan hiipisimme hiljaa
Yhdessä lukisimme tonttukirjaa

Unilankaa viiksissä

Kissa sai unen päästä kiinni
Keri unilangan kerälle
Tyynyliinan perälle

Kehräsi langasta unimyssyn
Vielä lapaset samaan syssyyn
Unimaassa tassutteli
Pumpulipilvillä hassutteli

Aamulla heräsi viiksissä
Pehmeää lankaseittiä
Oliko se kaikki vain unileikkiä?